ERNEST BONNEAU

Bourbon-Lancy

ÉTUDE HISTORIQUE

(Des origines à nos jours)

Avec un Portrait de l'Auteur et des Stances à la Ville

PRIX : 3 FRANCS

TOURS
IMPRIMERIE DU PROGRÈS, BONNESŒUR ET Cie

1922

BOURBON - LANCY

M. Ernest BONNEAU

ERNEST BONNEAU

Bourbon-Lancy

ÉTUDE HISTORIQUE

(Des origines à nos jours)

Avec un Portrait de l'Auteur et des Stances à la Ville

PRIX : 3 FRANCS

TOURS
IMPRIMERIE DU PROGRÈS, BONNESŒUR ET Cie

1922

L'HOMMAGE AU BERCEAU

STANCES A LA VILLE

Borvo (1), dieu du pays et de nos sources chaudes,
Salut ! ton nom gaulois reste à jamais gravé
Dans ces fiers rocs moussus, autour desquels tu rôdes,
Et ton passé de gloire à mes yeux s'est levé !

Qu'ils sont lointains, les jours où les Celtes, nos pères,
Leurs cheveux roux livrés aux vents du firmament,
Demandaient à tes flots vierges et salutaires
La force qui fait vaincre ou mourir noblement !

Qu'ils sont chers !... mais voilà, sous les aigles romaines,
Nisincius (2), guerrier habile en plusieurs arts :
Il accourt prodiguer le marbre à tes fontaines
Et s'illustre en laissant des *Thermes* aux Césars.

Aussi, quand, révoltés, les farouches *Bagaudes* (3)
Sèment ici le deuil pour frapper l'oppresseur,
Les hautes frondaisons, couronne d'émeraudes,
Parure de tes *Bains*, pâlissent de douleur.

Et lorsque, interrogeant ta merveilleuse histoire,
Reines et souverains, éblouis, enchantés,
Restaurent des splendeurs dont se perd la mémoire,
Tu dénombres encor de triomphants étés !

(1) Chez nos ancêtres, dieu des sources thermales.

(2) *Nisincius* ou *Nisineius*, officier romain sous la direction duquel s'élevèrent les premiers *Thermes*, et dont la ville emprunta et fit surnager quelque temps le nom : *Aquæ Nisinciæ*, les eaux de Nisincius.

(3) Paysans gaulois longtemps rebelles ; — leur vandalisme arracha des larmes aux successeurs d'Auguste. Les légions de Maximien finirent par les écraser dans l'Ile-de-France, vers 280 ; ils avaient saccagé Autun et, vraisemblablement, ruiné aussi à Bourbon l'œuvre florissante de la conquête (275).

La vertu de tes eaux fumantes et salines
Qui sourdent d'une gorge aux ombrages épais,
Attire, désormais, ramène en tes ruines
L'étranger qui médite ou flâne, épris de paix ;

Et les lis peuvent choir dans le sang : le Génie
Qui veille, ô cher Bourbon ! sur ton décor vanté,
Sauvegarde sa grâce et sa fine harmonie
Au sein de la tourmente où tout est emporté (1).

Sous quel ciel, en effet, voir plus riches vallées,
Boire au soleil un air plus salubre et plus pur ?
Découvrir plus d'espace et de routes voilées,
Plus de monts s'étageant et mourant dans l'azur ?

Où trouver avec plus de ruisselets limpides,
Plus de ravins fleuris et d'oiseaux dans les bois ?
Où trouver des vieillards plus droits et plus valides,
Digne postérité des vaillants d'autrefois ?...

Ah ! si je puis jamais, baigné de ta lumière,
Réveiller pas à pas, avec un soin pieux,
Les échos assoupis sous tes manteaux de lierre,
Oasis de mon cœur, on te connaîtra mieux !

Car le poète seul anime ce qu'il touche.
Seul, il dresse au frisson d'une libre clarté
Les âges ancestraux, qu'il tire de leur couche
Pour qu'Aujourd'hui, Demain, baisent leur majesté !

Donc, du pied au sommet de ta fraîche colline,
Du château-fort en cendre à ton antique tour,
J'irai, pélerin pâle et qui sur tout s'incline,
Plein d'une foi brûlante et d'un suave amour.

Hommes, divinités, — débris, témoins de pierre,
Eglise encor debout, malgré ses neuf cents ans (2),
Je ne laisserai rien dans la froide poussière ;
Tout frémira sous l'or de tes cieux bienfaisants !

Et je ne m'estimerai trop payé de mes veilles
Si ton vieux et doux nom, sur l'aile de mes vers,
Franchit — comme en un vol d'éclatantes abeilles —
La frontière gauloise et les océans verts...

(1) Sous la Révolution et le Directoire, Bourbon-Lancy porta le nom de *Bellevue-les-Bains*.
(2) L'église romane du faubourg Saint-Nazaire, aujourd'hui convertie en musée : elle date du XIe siècle et fait partie de nos monuments historiques. M. Perrault-Dabot lui a consacré une savante étude.

Si seulement la rue où je suis né m'invite
A savourer son calme et ses propos berceurs;
Si l'enclos de tilleuls, me reconnaissant vite,
Etend sur mon front nu des bras chargés de fleurs!

Si, de loin, répondant au salut des platanes
Qui surplombent les murs de mon ancien jardin,
Je sens que de bonheur les roses diaphanes
Grisent de nouveau l'ombre où j'ai saigné soudain;

Si, surtout, promenant enfin au fil du *Borne* (1)
Mes regrets adoucis par le plus tendre accueil,
J'achève, en bénissant tes horizons sans borne,
Près des miens endormis ma cantilène en deuil!

Mais je caresse là, sans doute, une chimère :
Est-il pour l'infortune un couchant radieux?
Et dans le chœur profond des arbres qu'il vénère
L'exilé ferme-t-il, hélas! jamais les yeux?...

Je suspendrai du moins, Ville auguste, à tes armes,
Comme un hommage au sol qui m'a longtemps porté,
Ces myosotis d'or où scintillent des larmes :
Ils rappellent ton faste et chantent ta beauté.

Qu'ils disent mon orgueil et ma reconnaissance,
La chaleur et l'aimant du berceau maternel,
Et je contemplerai, dans une joie intense,
Ton sourire, où *Borvo* met son charme éternel!

Paris, mars 1908.

(1) Ruisseau de la ville.

BOURBON-LANCY

Étude historique

(DES ORIGINES A NOS JOURS)

En écrivant ces pages *, nous avons beaucoup moins songé à faire œuvre d'érudition qu'à résumer, avec le plus d'exactitude et de clarté possible, l'histoire de la très ancienne et très jolie petite ville à qui nous dédions les quelques alexandrins qu'on vient de lire, — histoire insuffisamment connue, à notre avis, et que de savants auteurs n'ont peut-être point assez dégagée des vieilles chroniques bourguignonnes, des lettres et mémoires des seizième, dix-septième et dix-huitième siècles, et enfin de la poussière des archives régionales, où elle dort comme en débris...

Rassemblons pieusement ces restes, et tâchons ainsi :

1° D'établir les origines de notre chère cité, qui remontent à la Gaule indépendante ;

2° De retrouver et de fixer les principaux traits de sa curieuse physionomie et de ses brillants avatars à travers les âges.

* Principaux auteurs consultés : Brantôme (Des Dames); Catherine de Médicis (Lettres); Nicolas de Nicolay (Description générale du Bourbonnais); Auberi (Les Bains de Bourbon-Lancy et l'Archambault); Mme de Sévigné (Lettres); Saint-Simon (Mémoires); Françoise de Rochechouart (Lettres et vers inédits, publiés par L.-G. Pélissier, in-8°, Paris, Librairie Techener, 1899); Courtépée (Description générale et particulière du Duché de Bourgogne, 2e édition, 1848); A. Bernard-Langlois (Etudes sur le canton de Bourbon-Lancy, Moulins, 1865, in-8°); L. Lex (Notes et Documents pour servir à l'histoire du département de Saône-et-Loire, Mâcon, D. Bellemand, 1887); E. Révérend du Mesnil (Les Origines de Bourbon-Lancy, Moulins, E. Auclaire, 1894, in-8°); Perrault-Dabot (L'ancienne Eglise Saint-Nazaire à Bourbon-Lancy, Paris, A. Picard et fils, 1905, in-16); L. Bonnard, en collaboration avec le docteur Percepied (La Gaule Thermale, Paris, Plon-Nourrit et Cie, 1908).

Chez les Celtes, le dieu *Borvo* ou *Bormo,* dont le nom dérive de *burb* (bourbe, boue), présidait aux sources thermales, non loin desquelles il avait sa niche et sa statue : mâle et souriant protecteur, familière et poétique figure de l'Olympe gaulois, *Borvo,* qui ne saurait vieillir, et que troublent peu les coups de théâtre de l'Histoire, *Borvo* doit marquer à jamais de son empreinte les terres d'élection où s'exerce sa bienfaisante influence.

Une antique inscription nous le montre, à Bourbon même, associé aux honneurs rendus à sa parèdre, la déesse *Damona,* qui semble bien avoir eu, à l'origine, dans ses multiples attributions celle de l'*Ilithya* grecque et de la *Lucine* romaine, toutes deux préposées aux naissances et secourables aux maternités laborieuses. *Damona* étend alors sa sollicitude à toutes les misères du sexe faible; on l'invoque dans tous les malaises périodiques et en cas de stérilité.

Dans la suite, son culte se transforme et se généralise : on salue filialement en elle la bonne déesse guérisseuse, gardienne des eaux sacrées entre toutes, les sources chaudes.

Borvo demeure donc, sans conteste, le premier parrain du pays. Quant à *Lancy,* qui s'orthographiait d'abord l'*Ansi,* il n'apparaît que beaucoup plus tard, au Moyen-Age, et il nous faut reconnaître en ce nom propre celui d'un de nos plus vénérables seigneurs : *Ancellus, Ancel* ou *Anceau,* qui fonda, en 1030, un prieuré détruit sous la Révolution et dont une dépendance toujours visible, l'église St-Nazaire, d'ailleurs désaffectée, éveille encore l'intérêt du touriste, tandis qu'elle sollicite l'examen de l'archéologue et la méditation de l'artiste et du penseur.

En somme, un dieu gaulois et un puissant sire du onzième siècle : voilà nos vrais patrons. Les autres personnages ne comptent pas, du moins à ce titre, ou ils n'empruntent aux événements qu'un lustre provisoire, une auréole de commande qui leur survit à peine. Tel est le cas de ce *Nisincius,* dont nous allons bientôt esquisser la silhouette, vu son rôle prépondérant dans nos murs, au moment de la conquête, et la trace qu'en gardent nos annales.

Quelle fut l'importance de Bourbon dans la Gaule thermale encore libre? Doit-on enregistrer, admettre sans réserves ce beau surnom de *Rome celtique,* insigne palme triomphale que lui décernent d'anciens chroniqueurs et que relèvent des savants modernes? Nous ne saurions malheureusement étayer assez une telle opinion, établir suffisamment un tel titre de gloire. Mais, du haut de son pittoresque rocher, tout ruisselant de vie murmurante, ses génies tutélaires ont dû frapper l'imagination, de la Garonne à la Seine; et, d'autre part, la fertilité du sol, sillonné d'eaux courantes, la grande nuit verte des bois d'alentour, si propice aux solennités du culte, le voisinage de la Loire, et enfin cette heureuse situation aux flancs et sur le sommet d'une colline où abondent les moyens de défense naturels : tous ces avantages réunis ont vraisemblablement alors concouru à la prospérité, sinon au rayonnement de la ville, lui ont valu l'amour et le respect de sa population; et l'on peut croire que ses guerriers répondirent à l'appel de Vercingétorix, et que devant Gergovie ou sous Alésia, leur glaive héroïque perça plus d'une poitrine, abattit plus d'un légionnaire, et coûta ainsi plus d'une larme à la patrie de César!

*
* *

Un territoire si privilégié, si riche en promesses d'avenir, allait sûrement faire les délices des Romains, devenus nos maîtres.

Ces glorieux rapaces étaient, en effet, de grands colonisateurs et de fins diplomates, doublés d'architectes sans rivaux : avec leurs cirques et leurs innombrables trésors d'art, leurs villas et surtout leurs *Bains*, qui jouissaient à bon droit d'une réputation sans égale et auxquels ils consacraient, du reste, une partie du jour, ils offraient au monde le spectacle des plus magnifiques voluptés qu'ait jamais connues Empire à son déclin.

Notre pays porta bientôt l'ineffaçable cachet de leur faste et de leur génie créateur.

Ils commencèrent par se rapprocher du fleuve en développant la ville dans ce sens, sur une longueur de plusieurs stades, couvrant ainsi un espace désert de maisons de rapport et de plaisance, celles-ci luxueuses à souhait et comme brodées de sculptures : le carrare et le porphyre des colonnes et des monuments s'y profilaient sous les frises, sous les fresques éclatantes des plafonds, entourés de ces murailles aux briques enrichies de peintures ou diversement colorées, qui devaient user jusqu'à nous la dent des siècles !

Ils crurent ensuite accorder à la fois leurs goûts et les exigences d'une bonne politique en édifiant des *Thermes* somptueux sur l'emplacement toujours cher aux divinités de nos sources : alors, sous la direction d'un chef habile, ce même *Nisincius,* plus haut nommé, ils donnèrent tous leurs soins à la canalisation des flots issus du roc intarissable, à ces bassins au fond desquels le regard distingue nettement les conferves, ou menues algues dansantes, grâce à la transparence du liquide en ébullition. On les vit sans relâche creuser le sol, mettre à contribution le cuivre et le bronze, comme le plomb et la pierre cimentée, pour installer ces ingénieuses conduites et ces aqueducs fameux entre tous, qui constituent à eux seuls d'inimitables merveilles ; on les voit polir et fouiller du ciseau le marbre le plus pur, pour l'établissement et la décoration de ces piscines, de ces gradins, de ces fontaines, de ces vasques, de ces niches suavement blanches, où le talent de l'artiste le dispute à la beauté de la matière, l'excellence du confort à l'harmonie des lignes, et que séparent çà et là des balustrades aux reflets d'or !

Nos prestigieux novateurs ne s'en tinrent pas là : sagement respectueux des vieilles coutumes, des traditions sacrées, ils gardèrent nos dieux topiques et surent les adapter à ce cadre de choix, si différent de celui que leur avaient fait jusqu'alors la nature presque vierge et l'indigène superbe et fruste, qui, pour s'abreuver à ces eaux vivifiantes, s'agenouillait entre les blocs de granit, sur la pierre où il aiguisait son arme ! Après quoi, contents d'eux-mêmes, ils élevèrent sur une éminence voisine un temple à une de leurs propres divinités : *Apollon aux belles boucles,* qu'ils chargèrent plus spécialement de la protection de la ville.

Mais les dieux pourvus des plus opulentes chevelures et animés des meilleures intentions sommeillent eux-mêmes quelquefois, s'oublient en des aventures susceptibles de tourner au tragique pour les simples et trop confiants mortels : voilà ce que pensait *in petto* le prudent *Nisincius,* qui, fier à bon droit de son œuvre, voulait la mettre à l'abri de toute fâcheuse surprise. Aussi, comme par enchantement, surgit un jour du rocher immuable qui surplombe les *Thermes,* un poste d'observation d'où le veilleur aux aguets embrassait au loin l'étendue, une forteresse où l'aigle romaine semblait devoir braver sans retour, dans l'orgueil d'une paix sublime et d'un triomphe titanique, la ruée des ambitieux et la colère des multitudes.....

Des empereurs passèrent ; du temps coula.

Un vent d'orage se leva soudain dans les solitudes celtiques, sous la voûte des forêts ténébreuses, dernier refuge du désespoir : les *Bagaudes* se révoltaient !

Tenaillés par une atroce misère et las d'être pressurés, foulés aux pieds par la noblesse, les paysans en armes se transformaient en routiers sauvages. Leur tumulte furieux, pareil à celui des vagues qui déferlent, traversait l'espace..... La ville d'Auguste, Autun, qui se proclamait superbement encore *la sœur et la rivale de Rome,* alluma leurs convoitises et redoubla leur fièvre de représailles : ils fondirent sur elle comme un sombre nuage. Elle fut ruinée en un clin d'œil, avec ses écoles et ses monuments chargés de gloire (275).

Le torrent dévastateur, poursuivant sa course folle, atteignit la cité de *Borvo ;* il ne l'épargna point davantage, et il ne resta bientôt plus qu'un vestige de la brillante station balnéaire, des *Eaux de Nisincius :* le nom du fondateur, qui ne tarda pas beaucoup lui-même à disparaître.

Ainsi se termina chez nous la période gallo-romaine.

Quant aux *Bagaudes,* ils allèrent camper, toujours menaçants, aux portes de Paris, puis ils se fortifièrent dans ce coin de l'Ile-de-France qui devait s'appeler un jour Saint-Maur-des-Fossés : c'est là que les légions de Maximien vinrent les disperser provisoirement (280). — Car il ne faut pas s'y tromper : déjà, le colosse romain chancelle, épuisé de débauches ; déjà, guetté des Barbares comme une proie certaine, il ne peut plus se défendre que d'une âme veule, d'un bras et d'un cerveau alourdis, et regardez bien : cette longue convulsion gauloise n'a point seulement trahi sa faiblesse ; elle a éveillé sa première stupeur, et aussi, par tout son corps, ce grand frisson qui présage infailliblement la chute et précède l'agonie des Empires, artisans inconscients de leur perte et victimes aveugles de leurs propres excès !

* * *

Silence et mystère ; brouillard et nuit. Et quelle nuit que celle qui enveloppe sept cents ans de sommeil léthargique !..... Mais enfin, un beau matin, Bourbon rouvre les yeux dans la foi naïve et le belliqueux fracas du Moyen Age.

La Féodalité commençait.

L'ère des Croisades allait s'ouvrir.

Il n'était plus question des plaisirs élégants, du luxe raffiné de la décadence latine : partout, de l'encens et des cantiques ; partout, le son du cor d'ivoire et le bruit des armures entrechoquées; puis, de temps à autre, un tressaillement général : celui que provoquaient des prophéties calculées, annonçant à brève échéance la fin du monde !

Cependant, au milieu des compétitions et des rivalités brutales de chaque jour, tandis que le moine étudiait et que le noble frappait çà et là, d'estoc et de taille, de grands villages s'étaient formés au-dessous de la cité primitive, autour des églises ou prieurés tels que Saint-Léger, Saint-Martin, Saint-Nazaire ; et, d'autre part, tout en édifiant des abbayes pour le salut de leurs âmes, nos premiers seigneurs, le chevalier Adhémar ou Aymon, protégé de Charles-le-Simple, et l'évêque d'Auxerre, Hugues Ier, comte de Chalon, prédécesseur immédiat d'Anceau, n'avaient point négligé de s'assurer ici-bas un bon port dans la tourmente.

En conséquence, sur ce même rocher altier où les *Bagaudes* avaient surpris et renversé à la fois la sentinelle de pierre et les aigles romaines, ils s'étaient judicieusement bâti, au xe siècle, un château-fort inexpugnable, appelé à soutenir plus d'un siège, à décourager plus d'un adversaire, comme à recevoir plus d'un hôte royal, plus d'un personnage illustre, et à donner enfin du relief et de la cohésion aux bourgs encore distincts et détachés du voisinage.

Ce castel, entouré d'épaisses et hautes murailles, et flanqué de quatre solides tours rondes et de trois autres tours carrées, non moins robustes, se trouvait isolé de la ville, ainsi morcelée, par de larges et profonds fossés dont le glacis regardait le couchant. Du côté des *Thermes,* encore délabrés et à l'abandon, il défiait toute attaque, grâce à l'abîme qu'y ménage la masse rocheuse, en cet endroit taillée à pic par *Nisincius*, sur une hauteur de quinze mètres, pour mieux capter les eaux ; on l'avait, d'ailleurs, pourvu de nombreux souterrains qui débouchaient au loin dans la campagne. Quant au reste du pays, il le commandait presque en entier.

La nature et l'homme semblaient de la sorte avoir voulu collaborer à ce puissant ouvrage.

De leurs vastes fenêtres, inondées de lumière, les châtelains et leurs invités jouissaient, en outre, des plus riantes perspectives : ici, les îles boisées de la Loire et les plaines naissantes du Bourbonnais; là, dans une gaze bleuâtre, les monts du Forez et de l'Auvergne, puis, à l'opposite, la riche vallée de la Somme, et enfin, tout au fond, le massif sourcilleux et déjà plus sombre du Morvan.

Pour la ville proprement dite, assise au sommet du coteau, elle possédait une ceinture de remparts et trois tours, dont l'une, à clocheton, celle de l'*Horloge,* servait de beffroi ; elle subsiste encore et surmonte la dernière de ses trois portes.

Il lui fallait bien se clore et se garder ainsi.

Anglais et Armagnacs, puis Réformés et Ligueurs, dont elle eut maintes fois à subir l'assaut, lui faisaient une loi impérieuse de la défensive perpétuelle ; et si, au début du XIVe siècle et à la fin du XVe, un duc de Bourgogne, Philippe-le-Hardi, et un ministre de Charles VII, Georges de la Trémouille, s'emploient à relever ou à renforcer ses murailles, c'est que ses habitants ont toujours vaillamment combattu et qu'ils ont eu le rare bonheur, à travers mille alertes et dangers, de lui épargner les tristesses d'une capitulation.

Mais la ruse peut réussir là où la violence échoue, et le coup de poignard de la trahison trouve parfois désarmés les plus vigilants et les plus intrépides.

C'est de cette manière qu'il arriva malheur à Bourbon-Lancy.

Ce fut à l'automne de 1567, sous Charles IX, — époque et roi de funeste mémoire !

Les passions religieuses, les plus implacables de toutes, commençaient à se déchaîner et à ensanglanter jusqu'aux marches du trône, qu'elles allaient bientôt souiller de l'horrible tache de la Saint-Barthélemy.

Il y avait peu de temps que, pour avoir recommandé la tolérance à l'égard des Calvinistes, l'un des premiers magistrats de France, Anne Du Bourg, conseiller au Parlement de Paris, avait été pendu et brûlé comme hérétique, en pleine place de Grève ; et les massacres d'Amboise et de Wassy réveillaient encore de plus frais et de plus tragiques souvenirs.

De tels arguments, de tels procédés contre la Réforme servaient bien mal la cause du très chrétien monarque : leur moindre inconvénient était d'attiser des haines déjà brûlantes et d'entretenir avec le désordre, une inextinguible soif de vengeance entre les camps rivaux, surtout en province, sur les points éloignés du royaume où la répression semblait devoir être sinon plus molle, du moins beaucoup plus lente et plus difficile.

Mais venons au fait, le plus saillant et le moins connu, sans doute, de notre histoire locale.

C'était le dimanche, 28 septembre, veille de la Saint-Michel, date correspondant à une journée d'affaires et de vie intense pour le pays, car on apercevait çà et là, plus nombreux encore que de coutume, ces rudes *bizouards* ou trafiquants dauphinois, merciers pour la plupart, qui suivaient régulièrement nos foires et marchés, alors très courus et très en vogue.

La matinée s'écoula sans incidents ; mais, vers 3 heures de relevée, une fièvre singulière, une agitation insolite et de mauvais augure s'empara tout à coup des faubourgs : cela débuta par un murmure confus et prolongé, par un bruissement analogue à celui que provoque le souffle précurseur de la tempête dans les feuillages en émoi ; puis, de quatre ou cinq groupes suspects, montèrent des imprécations, des anathèmes furieux, des appels enflammés à la révolte des consciences, comme au mépris absolu de l'autorité royale et de tous ses représentants..... graves paroles ! manifestation séditieuse au premier chef, et bien propre à intriguer, d'abord, à stupéfier ensuite les paisibles citadins que les hasards de la flânerie en rendaient témoins !

Cependant, ils ne soupçonnaient ni l'importance du mouvement organisé, ni l'imminence du péril, et d'un œil plus curieux qu'alarmé, ils observaient ce spectacle si nouveau, où la folie de l'ivresse leur paraissait se traduire avec un éclat regrettable. Or, voilà que juchés sur des bornes ou même sur les épaules de complaisants admirateurs, de grands diables d'énergumènes, ministres improvisés ou nom du culte proscrit, se mettaient maintenant à prêcher la guerre à outrance au papisme, et, dans un élan de farouche exaltation, avec des gestes de possédés, adjuraient enfin l'assistance de frapper un ennemi toujours altéré de sang, mais parfois assoupi, et d'exercer sur l'heure d'exemplaires représailles !...

« Aux armes, donc, aux armes ! Sus aux suppôts de Rome ! Dieu reconnaîtra les siens et combattra pour eux ! »

Ce beau sermon eut le don d'électriser un auditoire visiblement gagné d'avance aux doctrines de ces dignes pasteurs, et composé, du reste, d'éléments étrangers à la population : on y remarquait surtout ces actifs *bizouards*, d'ordinaire plus cauteleux que violents, et qui, dans une soudaine volte-face, leur lourd bâton ferré au poing, le visage crispé de colère, prenaient là une attitude franchement agressive et déconcertante à l'égard d'une ville depuis longtemps ouverte à leur négoce, mais quoi ? le fanatisme ne s'embarrasse point de reconnaissance et ne se targue pas davantage de simple logique. Ils étaient tous, eux, de la *Vache à Colas,* et ils brûlaient de le prouver *urbi et orbi!*

Cette constatation peu rassurante et quelques autres aussi défavorables finirent par émouvoir une poignée de bourgeois avisés : réunis à l'écart, ils se consultaient même en vue d'un rapport immédiat au bailli, lorsqu'un grand remous de foule, en les divisant, vint à la fois paralyser leur sage résolution et préciser toutes leurs craintes. Dès lors, il était trop tard pour parer cet étonnant coup d'audace et de force préparé de longue main, et l'incroyable nouvelle volait encore de bouche en bouche que la cité entière se trouvait à la merci des agitateurs.....

En effet, à un signal convenu, un huguenot de marque, le seigneur de Saint-Martin de Laiz, avait prestement rassemblé hors des murs tous ses partisans, assoiffés de pillage, et, de l'intérieur de la place, où ils avaient su se ménager de criminelles intelligences et pu ainsi fomenter de tels troubles, nos bons dauphinois accouraient en masse à la rescousse, quelques-uns armés d'arquebuses, comme l'était un des principaux meneurs, ce triste Jean Chaffau, que le procès « des violences et excez commis par les gens de la religion prétendue réformée » mentionne parmi les rares enfants de Bourbon fourvoyés dans l'émeute.

Un bref colloque ayant suivi cette jonction des rebelles, ils s'étaient partagés en deux bandes à peu près égales ; l'une, sous la direction du gentilhomme calviniste, se portait au pas de course sur le château, franchissait librement la distance et le pont qui l'en séparaient, et, librement aussi, grâce à la connivence du concierge du lieu, Simon Pilloux, l'envahissait et le saccageait avec des cris de joie sauvage; l'autre allait s'abattre, véritable trombe humaine, sur les établissements ou édifices religieux compris alors dans nos trois ou quatre paroisses.

Cette deuxième horde s'acharna principalement sur la riche église Saint-Nicolas-de-la-Prée, collégiale du XIIIe siècle fondée par les sieurs d'Arcy, et qui comportait entre autres dépendances : un presbytère, avec quatre chambres, un cellier et une cave, qu'elle incendia de fond en comble, et un bâtiment rempli de foin (les chanoines avaient des montures), auquel elle fit subir le même sort.

Les archives, qui occupaient une maison isolée, sous la garde de Philippe Vaudelet, doyen du chapitre, furent seules épargnées.

Quant à l'église elle-même, elle ne se tira de cette terrible aventure qu'avec ses parois dégarnies, son autel gravement endommagé, son tabernacle et ses vases en débris, son clocher en ruines..... et dépourvue de ses cloches : un trio d'Autunois les avait délibérément jetées de leur logis sur le pavé, et on les retrouva certain jour en mille pièces, dans uu tonneau que charriait la Loire, au cœur du Nivernais !... Images, linge, draperies, habits sacerdotaux, crucifix, tout avait disparu, tout, jusqu'aux ossements des sépultures ! !

Aussi voyons-nous dame Thémis ajuster ses meilleures bésicles et entrer en scène à son tour, trois ans et trois mois après le passage de la rafale sacrilège ; car la rigide douairière aux balances, même s'il y a péril en la demeure, ne saurait se hâter qu'à la façon d'Octave-Auguste, c'est-à-dire le plus lentement et le plus solennellement du monde.

.... « Et nous, Gabriel Lagaron, conseiller du Roy, bailly dudit lieu, avons fait rédiger par notre greffier ledit procez-verbal démolitions, ruptures et saccagemens, fait par ceux de la religion qui se sont emparés et ont ruiné le dit chastel, églises de Notre-Dame étant dedans la ville clause dud. Bourbon, prieuré du bourg, parroisses de St-Léger, de St-Martin et de St-Nazaire, ensemble de ladite église de la Prée et de l'église de l'Hostel-Dieu dudit Bourbon.....

« Le dix jour de décembre 1570.

Signé : Lagaron, bailly ; Burgat, procureur du Roy,
et Chastel, greffier. »

***

Comment se termina au juste ce redoutable accès de fièvre chaude populaire ? Nous l'ignorons, mais nous pensons bien que les *bizouards* assez heureux pour échapper aux poursuites engagées ne reparurent point de si tôt sur le théâtre de leurs exploits, et qu'ils en abandonnèrent même tout à fait le chemin.

Et nous le croyons d'autant mieux que ce nom seul de Bourbon-Lancy (*Borbonansis, Bourbonlansis, Lancys* ou *Lensis,* comme l'écrit alors indifféremment la reine-mère), éveillait déjà de précieux souvenirs à la Cour et devait y attirer sur les coupables d'exceptionnelles rigueurs.

En effet, dès 1542, Catherine de Médicis, ouvrant en quelque sorte chez nous la marche des souverains et grands personnages appelés à leur emboîter le pas, Catherine était venue demander à nos Eaux, toujours efficaces, un remède à sa longue stérilité, et la naissance du premier de ses fils, le futur François II, ne tardait pas à les remettre en honneur.

Cette vogue s'accrut lors du séjour de Marguerite de Valois, l'épouse endiablée du Béarnais, et surtout sous Henri III, son frère, à la bravoure et à l'intelligence duquel sa dépravation a fait tant de tort dans l'histoire, et que l'on avait du reste élevé à l'italienne, dans les pratiques superstitieuses si chères aux adeptes de Ruggieri et de Nostradamus.

Dès 1580, nous le voyons fréquenter assidûment nos Thermes, en compagnie de sa femme, Louise de Lorraine, qu'un seul espoir de maternité attire et retient parfois seule un ou deux mois en cette humble solitude.

Le couple royal vient par Nevers et descend au château, escorté d'une suite nombreuse, et le plus souvent en grande pompe.

Sa première visite a d'abord un excellent résultat : elle rend aux *Bains* leur véritable physionomie, depuis longtemps perdue. Car les travaux de restauration effectués sur l'ordre de Catherine frisent la quarantaine et furent peut-être, d'ailleurs, assez sommaires ; en tout cas, ils n'ont pas empêché l'impétueux ruisseau du *Borne,* qui côtoie l'établissement et traverse le bourg de Saint-Léger, de faire des siennes : il a crevé ou comblé des canaux, commis force autres dégâts, et envahi finalement les bassins, qu'il a transformés en aquarium étrange et sauvage, où d'énormes serpents voisinent avec des poissons superbes, tandis que de vagues bestioles sillonnent par milliers les ténèbres boueuses des profondeurs.....

On se hâte donc de déblayer, de nettoyer, de mettre toutes choses en état, et l'humeur de nos hôtes paraît favorablement s'en ressentir. Consultons plutôt là-dessus nos Archives Municipales :

« Le jour de sainct Ligier, deuxiesme octobre mil cinq cens quatre vingts, jay baptizé Loyse fille de Hugues Sonaille et de Suzanne Frenaillet. Furent son parrain Scipion Affricain conte de Fiesque, chevalier de l'ordre du sainct Esprit et chevalier d'honneur de la Royne de France, sa marraine, Loyse de Lorraine, raine de France, à présent femme de Henry de Valois, troisiesme du nom, roy de France ; .....En ce mesme temps, la dite raine estoit aux baings à Bourbon, où elle demeura depuis l'onziesme de septembre jusqu'au 22e novembre et s'en alla ainsi que ledit sire roy son mari, qui ne demeura au dict Bourbon que 2 nuicts et ung jor entier. » (Signé) : Deschiezes.

La belle et simple souveraine, âme plus tendre que dominatrice, nature modeste et franchement vertueuse, devait en effet s'attarder avec bonheur sous nos ombrages, loin de l'atmosphère et des intrigues du Louvre ; et il semble bien que « ledit sire » ait aussi trouvé là, dans le calme réparateur de sa station balnéaire favorite, l'occasion d'échapper à demi, un moment, à la tyrannie maternelle comme aux multiples soucis de son règne si agité !

D'ailleurs, nos Eaux font merveille, et c'est à qui les vantera ou en escomptera la vertu, sur place ou à distance.

Le 5 septembre 1582, Catherine écrit de St-Maur-des-Fossés à l'ambassadeur Mauvissière :

« .....Les sieurs de Belièvre et Brulart sont allez trouver le Roy monsieur mon filz à Bourbon-Lancys, où il prend des eaues et se baignera comme aussi faict la Royne ma fille, se portans, graces à Dieu, tous deux très bien, et ay bonne espérance qu'après Dieu nous fera la grace de leur donner des enfants. »

Et à la même époque, Henri III mande de Bourbon à Villeroy :

« Je suis an grand peyne de Strossy, c'est-à-dire de l'armée aussy : j'atends quelques bonnes nouvelles. Dieu par sa grace le veuille et nous guarde.

« J'ai commencé à boyre les eaux aujourd'huy, qui me donnent extresme apétyt. Je me porte fort byen et ma fame aussy, qui boyt il y a sinq jours desjà. Nous baignerons demain et boyrons aussi. »

A la bonne heure ! Voilà une cure thermale ! Et voilà enfin un vrai philosophe, un vrai monarque, désireux de noyer dignement ses alarmes et de payer ici de mine et d'exemple ! Gageons que ceux de ses débiles sujets qui ont mauvais estomac, et, par surcroît, martel en tête, vont désormais se tirer d'affaire.....

Nous tenons là, par ma foi, le plus beau succès de France ! Succès d'autant plus retentissant que la sollicitude et l'esprit d'initiative des augustes baigneurs se traduisent par de magnifiques libéralités, par des études et des plans remarquables, et que sous la direction de Marc Miron et de Jean-Baptiste Ducerceau, celui-là, premier médecin, celui-ci, premier architecte de Sa Majesté, on procède activement à d'importants travaux : on découvre, on exhume membre à membre, pierre à pierre, ces pauvres et admirables thermes gallo-romains, que les fondateurs eux-mêmes ne reconnaîtraient plus sous leur épais linceul de sable et de verdure, et dans le désordre et l'abandon impies où les ont plongés ou maintenus tant de tourmentes diverses !

C'est alors que fidèle à la Couronne menacée, la Ville, toute fière de cette louable et vaste entreprise, perpétue le souvenir de sa haute bienfaitrice en dénommant *Fontaine de la Reine* celle de nos sources qui s'appelle toujours ainsi ; — et de grands mouvements de troupes viennent encore ajouter, en 1586, à la brillante animation que communique au pays la présence de toute la cour ; nous sommes, en effet, en pleine crise politique et religieuse, en pleine guerre civile, et, pris entre Henri de Navarre et Henri de Guise, c'est-à-dire entre la Réforme et la Ligue, le souverain inquiet s'entoure de sages précautions.....

Sa fin est proche, néanmoins, et le coup de poignard de Jacques Clément fait disparaître à St-Cloud, le 1er août 1589, le roi qui a le mieux compris Bourbon et qui, penché sur la cendre d'or de son passé, a caressé un instant ce beau rêve : la résurrection de ses fastes balnéaires.

Sachons rendre partout son bien à César.

***

Henri IV n'eut également qu'à se louer de Bourbon, qui, s'attachant dès le début à sa fortune, ne lui ménagea ni sa confiance, ni l'appui de sa vaillante petite garnison, et lui rendit ainsi d'appréciables services pendant les heures difficiles.

Aussi ne l'oublia-t-il jamais.

Il le prouva bien en s'occupant de notre bailliage et en poursuivant à Saint-Léger l'œuvre interrompue par la mort tragique du dernier des Valois.

Il ne fut mal inspiré qu'une fois à l'égard de la ville : ce fut en 1595, le jour où il la donna au présomptueux Biron, fils du glorieux maréchal tombé pour sa cause, — générosité intempestive qu'il regretta vite : Biron, comme on sait, le trahit, prêta contre lui la main à des intrigues étrangères et se fit arrêter, juger et condamner à la peine capitale. Au lendemain de son exécution, la cité de *Borvo* revenait à la Couronne (1602).

Dans l'intervalle, elle avait rayonné. La renommée, sur ses ailes, avait emporté au loin le nom et l'histoire de ses sources, éternellement jeunes, et il ne leur manquait plus rien, pas même la consécration des Muses. Jean de Lingendes, le gracieux poète moulinois, l'auteur des *Changements de la bergère Iris,* s'était mis un beau soir, entre deux madrigaux, à chanter avec une édifiante ferveur, les miracles de fécondité qu'opéraient nos « tièdes bains », qui ne laissent jamais « infertiles les baisers de l'hymen..... »

Et les couples sans enfants commençaient d'affluer aux Eaux !

Marie de Médicis elle-même nous honora de sa présence et de sa sympathie, promit de s'intéresser en personne aux fouilles et à la réfection du vénérable ouvrage d'architecture, et nous entrevîmes de la sorte, à quinze ou vingt ans de distance, les deux épouses, fort dissemblables, du vainqueur d'Arques et d'Ivry.

Bourbon sollicitait en outre, du reste, le regard du solliciteur et du savant. On pouvait encore, à cette époque, se rendre compte sur les ruines thermales de l'œuvre gigantesque accomplie par les contemporains d'Auguste. Auberi nous montre « tirant vers le levant, un grand chemin encore remarquable par neuf ou dix grandes pierres de taille posées à plat, qui font comme un portal de ville, et une muraille à chaque costé du chemin, qui reste encores, nonobstant sa ruine, de deux pieds hors de terre, descendant environ deux cents pas, et formant le chemin par lequel les anciens se conduisaient aux bains. »

Et suivant à son tour cette voie antique, l'auteur arrive devant les travaux de captage des sources, qu'il nous décrit avec le même soin qu'il a apporté à l'étude des autres vestiges :

« A l'un des bouts du rocher, du côté du levant est la grande source d'eau chaude des bains, sortant dudict rocher. Ceste eau, de la grosseur de la cuisse d'un homme, tombe dans un bassin de pierre de taille bien cimentée..... A un endroit dudict bassin, du côté qui regarde le midy, il y a un canal de terre cuite tout rond, d'un pied de rondeur sur tous endroits, lequel par le dedans est rempli d'un canal de plomb de l'espesseur d'un doit, et a ledict canal de longueur plus de soixante pas qui s'estend le long du rocher, duquel il est distant d'une toise : ce canal est enveloppé et entorné comme d'un estuy d'une grosse muraille faicte à moulons de chaux et sable de six pieds d'espesseur et d'hauteur en tout quarré pour empescher tout ce qui pourrait offencer ce canal contenu en icelle. Entre cette muraille et le rocher il y a un canal de pierre de taille de l'hauteur susdicte pour recevoir les eaux pluviales et autres immondices, qui tombent du rocher et s'écoulent autre part que dans les bains. Dans le premier canal de plomb revestu de terre cuitte il y a sept autres tuyaux de plomb, sortants de ce rocher, qui distribuent à sept fontaines qui sont au-dessus. »

Néanmoins, sous l'impulsion et la surveillance d'hommes éclairés et dévoués, tels que Beaulieu et Descures, et grâce à une très large subvention, les décombres explorés livraient chaque jour, maintenant, avec le secret d'un prestige quinze fois séculaire, d'incomparables merveilles d'art : médailles d'or et d'argent à l'effigie des derniers empereurs latins, statues de marbre parfois intactes, bas-reliefs, pierres fines, riches mosaïques, fragments de tables d'airain, etc... L'importance des résultats répondait donc pleinement à l'étendue de l'effort, autorisant de nouveau les plus vastes espoirs, lorsque soudain, le couteau de Ravaillac frappa au cœur « le grand Henry », qui affectionnait tant ce coin de sa chère Bourgogne, le bon roi de la *poule au pot*, qui, selon le mot de Richelieu, « était digne de vivre autant que sa gloire. »

L'ancienne Rome gauloise jouait décidément de malheur, et la folie sanglante du fanatisme, en foudroyant coup sur coup deux monarques, lui enlevait les meilleurs patrons de sa renaissance, comme les plus sûrs propagateurs de ses mérites.

*
* *

Cependant, l'élan était pris, la voie tracée, et les règnes de Louis XIII, de Louis XIV et de Louis XV allaient voir Bourbon à l'apogée d'une fortune qui devait se soutenir jusqu'au Consulat.

On assiste, dès lors, à un défilé ininterrompu : haute noblesse, médecins et ministres fameux, malades venus parfois sans grand espoir et s'en retournant parfois aussi avec d'autant plus d'aise et de reconnaissance. Tel est, en 1633, le cas de la duchesse de Montmorency, dont le célèbre docteur Ronchin ou Ranchin, de Montpellier, qui nous l'a amenée, constate et proclame avec admiration sur place le merveilleux établissement, — heureuse nouvelle que ne manquent pas d'apprendre et de propager le maréchal de la Force et la marquise de St-Mars, en ce moment parmi les baigneurs.

Nous recevons Richelieu en 1640.

Le grand cardinal, brillamment entouré, fait analyser les eaux par les savants de sa suite, se livre à un examen personnel des Thermes, et prend en quelque sorte l'engagement de mettre en pleine lumière tant de chefs-d'œuvre ensevelis. Il s'y emploie, en effet, mais hélas ! en épousant tout d'abord cette déplorable manie qui consiste à enrichir, à notre préjudice, des collections particulières ou autres, et grâce à laquelle, de Catherine de Médicis à Napoléon, nous devons d'être dépouillés peu à peu de la majeure partie de nos trésors locaux.

Ces inestimables débris archéologiques : statues, bas-reliefs, mosaïques, vases ou tables d'airain, fragments de tout genre, après avoir été emportés et dispersés par le caprice des maîtres, l'ont été depuis par l'orage des guerres ou des révolutions, si bien que le chagrin de ce rapt et de cet exil sacrilèges se double trop souvent pour nous du regret de leur perte définitive.

De 1643 à 1676, nous voyons descendre à Saint-Léger : le docte Vallot, conseiller d'Etat, premier médecin du roi, personnage considérable qui s'éprend d'archéologie à travers nos chapiteaux et nos colonnes ; la reine d'Angleterre, la comtesse du Maure, la duchesse de Longueville, la maréchale de Guébriant, la marquise de Sablé, Mlle de Ponts, Mme de St-Simon, Mlles de Duras, de Rambouillet, de Bouillon, Mme de Turenne et Mme de St-Géran : tout l'armorial de France !

Ces dames, pour combattre l'ennui d'une ville d'Eaux qu'elles assimilent volontiers à une thébaïde, font venir des comédiens, les encouragent de leurs applaudissements, et, ce qui vaut beaucoup mieux, de leurs nobles pistoles..... Et vraiment, l'apparition, dans nos murs, de Melpomène et de Thalie prouve une fois de plus que les pires choses ont leur bon côté, et que l'ingéniosité féminine corrige même les défauts d'une solitude sevrée des plaisirs de la cour.

Mais quel important vacarme remplit soudain, au printemps de 1676, la sonore et tranquille petite station balnéaire ? D'où sortent ces luxueux et fringants équipages ? Et quel irrésistible mouvement de curiosité précipite aux fenêtres toutes les baigneuses intriguées ?

Un événement se produit.

La belle Athénaïs, la grande favorite, autrement dit Mme de Montespan arrive en personne dans une calèche à six chevaux, qu'accompagnent à distance respectueuse un superbe carrosse, chargé de ses femmes.

Suivent en bon ordre : deux fourgons, six mulets, douze hommes à cheval, plusieurs officiers, et un train de maison qui représente cinquante bouches à nourrir !

Nos amateurs de spectacle en croient à peine leurs yeux et

leurs oreilles ; quant aux pauvres comédiens, ils se demandent à voix basse si cette figuration imprévue ne va pas, durant quelques soirs au moins, influer sur la recette et restreindre méchamment leur ordinaire, déjà maigre.....

Cependant, comment se comporte chez nous la hautaine marquise? à merveille. Elle s'applique à plaire, séduit chacun par sa bonne grâce et ses gestes magnifiques, comble de ses largesses les Capucins eux-mêmes, et tient à fonder douze lits à l'hôpital; mats, avec beaucoup de tact, elle décline les redoutables honneurs dont veut l'accabler le gouverneur de la province, qui a prescrit aussitôt un peu partout de venir la haranguer; et elle se borne à recevoir chaque jour le courrier que lui envoie galamment Sa Majesté, alors retenue au loin à la tête de ses troupes. Puis, accueillante à ravir, elle ouvre à deux battants sa porte à la splendide foule des visiteurs, et daigne ainsi sourire à Fouquet lui-même, qui se trouve en famille aux Eaux, qu'il est venu prendre par faveur toute spéciale; mais, s'il a conçu quelque espoir d'améliorer sa triste condition en l'occurrence, l'ancien surintendant des finances est vite désabusé : il lui faut bientôt, en effet, réintégrer sa cellule de Pignerol, où la mort seule terminera, en 1680, sa rigoureuse disgrâce et ses vingt ans de captivité.

Un autre prisonnier de marque, l'effarant époux de la grande Mademoiselle, *l'illustre malheureux*, l'incomparable Lauzun, en un mot, l'homme qui, bien que très laid, *possédait le secret de plaire aux dames* et ne cessait d'alimenter la Gazette de ses extraordinaires aventures, le duc de Lauzun, donc, appelé à méditer, dans la même citadelle, sur l'éclat et la fragilité de certaines destinées, se présenta aussi chez Mme de Montespan, au cours de l'un des nombreux séjours qu'elle fit depuis à Bourbon.

Il se flattait sans doute de l'apitoyer et de l'amener à plaider sa cause en haut lieu. Toutefois, malgré son éloquence persuasive et cette diabolique fascination que lui laissait la cinquantaine, l'infortuné reclus n'impressionna qu'à demi la toute puissante favorite, et les dures conditions qu'elle fixa, en fin de compte, à sa mise en liberté, n'eurent d'autre résultat que celui d'exaspérer le postulant. Dans un vertueux et stoïque accès d'indignation, il déclara préférer pour ioujours sa retraite de Pignerol à l'amoindrissement éventuel de ses ressources et de son prestige intangibles; et il reprit sur l'heure la maudite route d'Italie, flanqué de vigilants mousquetaires qui le reconduisirent très poliment jusqu'au seuil de la farouche forteresse, laquelle ne lâchait guère sa proie et résonnait encore du bruit des pas mélancoliques de Fouquet et du mystérieux personnage au *masque de fer!*

Peu après, d'ailleurs, Mme de Montespan voyait le roi se détacher d'elle et sa propre obligée, la veuve Scarron, prendre sa place aux côtés de l'autocrate vieillissant. Ce coup de massue, qui retentit en elle jusqu'à la fin, la rejeta désormais dans la pénombre de ses refuges habituels, et Saint-Léger abrita maintes fois ses pieuses austérités, que rehaussaient à chacun de ses voyages de magnifiques et touchantes aumônes.

C'est vers ce temps-là que disparut Colbert, cet infatigable travailleur qui s'était fait tant d'ennemis par sa gestion probe et méritoire, et dont la plus injuste impopularité reconnaissait la hauteur de vues et le long effort.

La marquise de Louvois se familiarisait alors avec les eaux de Bourbon; elle fut la première à recevoir et à répandre la funèbre nouvelle, qui, au fond, la réjouissait fort, son mari ne pouvant que bénéficier d'un tel événement et devenir par la suite, grâce à un surcroît de faveur, le plus influent et le plus considérable des ministres.

Et c'est également à cette époque que l'estampe d'Israël Silvestre, qui nous les restitue aujourd'hui, se mit à vulgariser l'altière physionomie de notre château féodal, campé superbe et menaçant au bord du précipice, et celle, beaucoup plus modeste, du *Bain Royal,* qu'il écrase un peu de sa masse et dont il flanque orgueilleusement la droite.

*
* *

Une femme d'une bien autre envergure que les précédentes, et qui va élever en se jouant un des plus délicieux monuments littéraires de son siècle, Mme de Sévigné, arrive ensuite à point pour juger de la ressemblance et du talent de l'artiste.

Elle vient à l'automne de 1687, sur le conseil de son médecin de Paris, Aliot, et accompagnée d'un autre Esculape, Amyot, qui lui sert de guide.

Dans quelles conditions se recommande-t-elle à nos bons soins? Elle a soixante ans révolus; les rhumatismes, qui la tourmentent depuis une douzaine d'années, déjà, l'ont conduite à deux reprises à Vichy, en 1676 et 77, mais le traitement auquel elle s'y est astreinte ne lui a procuré qu'un faible soulagement ; elle attend mieux de Bourbon.

Voilà pour l'état physique.

Quant au moral, sans fléchir, il commence à être atteint. C'est que les souvenirs amers remontent à flots, au soir de l'existence, dans certaines solitudes, associés à de cuisants soucis et à de cruels regrets ; c'est que la vie à la fois si étincelante et si sombre, si animée et si déserte de notre pauvre grande malade devient vraiment lourde à porter : la digne veuve, la mère au cœur tendre et qui a concentré tout son amour sur une fille absente, mariée au loin au comte de Grignan, a beau se préoccuper des faits et gestes de la Cour et chercher un dérivatif, un palliatif à ses peines dans ces longues causeries familières, destinées à immortaliser son nom..... hélas ! hélas ! l'ombre du mari débauché, l'image du fils dissipateur, et, ce qui est beaucoup plus terrible encore, l'invincible froideur de Mme de Grignan elle-même, tout cela creuse au dedans ce vide affreux que rien de parvient à combler, et où un esprit d'élite tire en vain ses plus éblouissants feux d'artifice comme à travers les brumes d'un exil éternel et désolé, sous le poids d'infirmités tenaces et la morsure d'un chagrin jamais endormi.

L'intelligence rayonne, mais le cœur saigne, et peut-être de lugubres pressentiments assaillent-ils déjà la fine parisienne aux mobiles yeux bleus, jadis si pétillants de malice et de gaîté, et qui, maintenant, se voilent trop souvent, à l'écart, de profonde mélancolie !

Et si vous ajoutez à cet état d'âme particulier l'ennui résultant de malheureuses perturbations atmosphériques par des chemins défoncés, vous n'éprouverez qu'une moindre surprise devant la méchante humeur de la nouvelle débarquée :

« A Mme de Grignan,

« A Bourbon, lundi 22e septembre.

« Nous arrivâmes hier au soir ici, ma bonne, de Nevers, d'où je vous avois écrit. Il est vrai que nous vînmes hier en un jour, comme on nous l'avoit promis; mais quel jour ! quelles dix lieues ! nous marchâmes depuis la pointe du jour jusques à la nuit fermée, sans arrêter que deux heures justes pour dîner; une pluie continuelle, des chemins endiablés, toujours à pied, de peur de verser dans des ornières effroyables ; ce sont quatorze lieues toutes des plus longues... je crois être dans un pays bas et couvert comme la Bretagne, enfin sombre forêt où le soleil ne luit que rarement... Nous avons bien dormi, nous avons vu les puits bouillants, nous avons été à la messe aux Capucins... mais on peut dire en gros de ce lieu :

« *Qu'il n'eut jamais du ciel un regard amoureux.* »

Et voilà pourtant les conséquences immédiates des vilains voyages, même chez les natures supérieures : un jugement *ab irato* et une déformation totale de la vérité !

La châtelaine bretonne nous la baille belle, ma foi! avec l'évocation de ses maussades paysages et la forêt ténébreuse et quasi sauvage où elle nous relègue ! Par bonheur pour nous et nos hôtes, erreur n'est pas compte, n'est-ce pas? et, dans le même instant, le sourire amusé de Racine, de ce Racine qui, vous savez bien, « passera comme le café », nous rappelle qu'il ne faut point s'émouvoir outre mesure d'une malencontreuse boutade, voire du dédain des plus grandes dames françaises, et que le génie et la beauté méconnus finissent toujours par obtenir gain de cause.

Les lettres qui suivent, tout en accentuant l'impression première de la rhumatisante envers le pays lui-même, contiennent un vif éloge de nos *puits bouillants*, qui, dans le for intérieur de l'illustre épistolière, l'emportent décidément sur ceux de Vichy.

Mais quel effarant Diafoirus a inventé le procédé qui rapproche soudain des eaux entre lesquelles balance la vogue, et soumet les unes, préalablement embouteillées, à la température des autres, de sorte qu'elles gardent — censément — avec leur vertu propre, le degré de chaleur voulu?

Mme de Sévigné s'attendrit devant cette touchante et bizarre fraternité, qui accorde buveurs et sources, jusque-là partagés et assez incompatibles...

Aussi écrit-elle à sa fille, dès le 25 septembre.

« A Bourbon, jeudi.

« Vous voulez savoir de mes nouvelles, elles sont tout à fait bonnes. Il y a deux jours que je prends des eaux; elles sont douces et gracieuses et fondantes ; elles ne pèsent point : j'en fus étonnée et gonflée le premier jour, mais aujourd'hui je suis gaillarde... Si je continue à m'en trouver si bien, je ne me servirai point de celles de Vichy, que l'on fait venir ici en un jour : jamais union ne fut si parfaite entre deux rivales. On les fait réchauffer dans le puits le plus bouillant de ceux qui sont ici, on les fait boire comme les autres ; celles-ci reçoivent celles-là dans leur sein; c'est cela qui s'appelle précisément le même degré de chaleur, car les bouteilles y sont comme dans leur maison..., mais la chaleur d'ici me plaît infiniment, et l'on y fait la vie des eaux, qui est tout uniforme et tout appliquée à la santé... »

Et le surlendemain, elle nous affirme :

« Je retomberai dans les eaux de Bourbon samedi, et prendrai des bains délicieux. »

Après quoi, en guise d'adieu et de remerciement, elle griffonne ces lignes à notre adresse, à la date du 7 octobre :

« ... Nous avons eu mille relations de Bretagne, qui nous ont diverties ; mais notre vrai plaisir, c'est de penser que nous partons lundi, après avoir observé toutes les longues et les brèves du cérémonial de Bourbon. »

Ingrate et injuste fugitive !

Eh bien ! gardons le beau rôle. Ne chicanons ni sur votre appréciation en ce qui concerne l'esthétique locale, ni sur le résultat des expériences auxquelles se livrent vos praticiens à la Purgon ; mais là, entre nous, est-ce que ce rigide cérémonial dont vous vous plaignez à bon droit ne vous a point vous-même — passez-moi, de grâce, l'expression ! — *embouteillée* à Saint-Léger, sous la férule et la perruque de la Faculté ? Est-ce que, d'autre part, vos préoccupations familiales et cette exclusive atmosphère où votre tendresse maternelle ronge son frein, vous ont permis de découvrir la nature par-dessus le bonnet des docteurs et l'encens des couvents ? Est-ce que votre courrier quotidien vous a laissé le temps de bien nous regarder ? Est-ce que la contemplation intérieure de Mme de Grignan ne vous a pas, d'ailleurs, un tantinet brouillé les yeux à notre endroit ? Est-ce qu'enfin les ravissants commérages de Paris et de province, le souci du traitement à suivre et du long retour en perspective n'ont pas suffi amplement à remplir chaque heure de votre trop rapide séjour ?

Marie de Rabutin-Chantal, marquise de Sévigné, vous avez eu, depuis, tout le loisir de faire votre examen de conscience à l'égard de Bourbon et de reconnaître votre grande méprise. Souffrez donc, je vous prie, qu'un poète qui s'avise d'écrire l'histoire de sa ville natale réserve ici une place à l'amende honorable qui s'impose, après plus de deux siècles d'attente, et daignez accepter de lui, pour votre courte visite et vos autres précieux témoignages, ce tribut de gratitude émue que la très jolie Cité, apte à *ragaillardir* la vieillesse au pas lourd, a toujours payé à sa clientèle de l'un et l'autre sexe, spécialement aux femmes, dont l'œuvre n'a point plus de rides que le cœur, parce que leur éloquence coule de source, ainsi que l'eau de nos *puits bouillants,* chère et glorieuse marquise !

*
* *

Il y a, en vérité, de troublantes coïncidences tout le long de l'Histoire...

Voyez plutôt : tandis que Mme de Sévigné quitte ce bas monde bien avant la publication de ses admirables épîtres, voici paraître, la plume à l'oreille, une autre femme, une femme auteur sans le savoir, tout comme sa féconde devancière de 1687, et qui joint à une piquante sagacité un talent descriptif fort original ; mais celle-ci préfère la langue des dieux à la prose et ne sait guère nous dire que des gentillesses, chanter sur tous les tons notre miraculeuse fontaine, qui lui inspire une chaleureuse tirade qu'elle envoie à un « docte prélat » de ses amis, pour l'engager à venir « recevoir la prompte allégeance » de ses infirmités *(La fontaine de Bourbon).*

Notre riche collection de portraits du XVIIe siècle s'embellit ainsi, assez inopinément, d'un fin et curieux pastel : celui de Françoise de Rochechouart, grande prieure, puis abbesse de Fontevrault.

Cette jeune femme, fille de l'illustre duc de Vivonne et nièce de la belle Athénaïs, se distingue par une brillante culture, des relations choisies dans le monde des lettres, et enfin des goûts épistolaires très marqués, même pour son époque : c'est grâce à sa volumineuse correspondance avec tel ou tel dignitaire ecclésiastique ; oui, c'est grâce à l'une de ces aimables et légères causeries dont elle a le secret, que nous pouvons aujourd'hui connaître exactement le genre de vie qu'on mène aux Eaux de Bourbon, dans les dernières années du grand siècle.

Car notre citation vaut un long mémoire.

Ce sont là, sans doute, des vers rimés à la diable — comme tant d'autres, éclos à la même heure ! — et qui n'ont, du reste, aucune prétention à l'immortalité ; toutefois, le lecteur en appréciera le tour facile, le bel entrain et l'esprit caustique ; et, çà et là, un détail heureux et plein de hardiesse, une expression pittoresque et colorée à souhait viendra doubler pour lui l'attrait du tableau, délicieux comme une ancienne et fidèle estampe.

Ecoutons donc religieusement madame la grande prieure :

Après avoir bien bu sans soif la matinée,
On ne peut sans ennuy remplir une journée,
Quoique l'on trouve icy des gents de qualité,
Pleins d'esprit, d'agrément et de capacité,
D'un aimable entretien, propres pour les visites,
Au coucher du soleil nous devenons hermites ;
Nous sommes séquestrés. D'un empire absolu,
Les médecins en corps l'ont ainsi résolu.
Ce n'est pas qu'un disner souvant ne nous rassemble :
Nous avons le plaisir de nous trouver ensemble,
D'y rire, d'y jouer, soit chez un cardinal,
Soit chez un duc et pair, ou chez un maréchal.
Les titres à Bourbon y sont en abondance :
Cardinaux, Princes, Ducs et Maréchaux de France,
Ministres, présidents, abbés, religieux,
Filles de ducs et pairs, tout accourt en ces lieux :
On y voit aborder de diverses provinces
De plus petits acteurs, des beautés assez minces,
Qui se picquent de goût, qui font le bel esprit,
Et taschent d'attirer l'estime et le crédit.
On entend bien souvent le bruit des équipages,
Carosse à six chevaux, écuyers, laquais, pages,
Quantité d'officiers, plusieurs chevaux de main
Que l'on mène à Bourbon pour prendre aussi le bain,
La douche et la boisson de ces eaux minérales,
Si bonne pour les couleurs pasles,
Pour guérir les obstructions
Du mésentère et des rognons,
D'une rate endurcie aussi bien que du foie ;
Pour chasser l'humeur noire et redonner la joie.
. . . .
Quand on arrive ici, les corps sont en désordre :
Mais l'équipage aussi n'est pas en meilleur ordre.
Un cheval est restif, l'autre est souvent cabré,
Le carosse est tout deslabré :
Les chemins sont rompus par les eaux de l'orage ;
Le cocher se tourmente et le maître en a rage.
On entre dans Bourbon tout le mieux que l'on peut
Et souvant quelques jours plus tard que l'on ne veut,
Fatigué, crosté, plain de boue,
Avec les débris d'une roue,
D'une litière ou d'un brancard :
On en tire un perclus avec (*sic*) beaucoup d'art.

Il y vient de méchants carosse (*sic*)
En arbaleste avec trois rosses,
Dont un homme défiguré
Sort et se tient fort assuré
De guérir en quelques semaines
En beuvant à perte d'haleine,
Y joignant bains et douche aussi
(Comme la plus part font ici)
Ou chez eux ou sur la fontaine.
Et ceux dont la bource est plus plaine
Les prennent plus commodément
Au lit, dans leur appartement.

. . . .

Pour épuiser notre matière,
Par un effet presque miraculeux.
Languissants, contrefaits, importuns, malheureux,
Vrais modèles de mascarade,
Se trouvent à la promenade,
Et nous ne reconnaissons plus
Ceux que nous avons veu perclus,
Et c'est dessus une terrasse
Que toute cette scène passe :
Car vous devez savoir que tout proche des bains,
Est le couvent des Capucins :
Il fournit au public une allée agréable,
A la hauteur du château de Bourbon ;
On si vast promenet sur l'herbe ou sur le sable ;
L'air que l'on y respire est estimé très bon.
C'est où vont se montrer tous ces paralitiques,
Tous ces désopilés qu'on prenait pour éthiques :
Les boîteux marchent droit; les bouches de travers
Reprenant leur figure y vont chanter des airs,
Et les convalescents pour y jouer leur rôle
Y montent triomphans ainsi qu'au Capitole.

Fr. de Rochechouart.

A Bourbon, le 26 de mai 1696.

Un triple ban pour la poétesse, tant soit peu réaliste! Voilà une description vécue, ou je n'y entends goutte ! Et notre admiration n'a plus que l'embarras du choix entre tous ces « gents de qualité » et leurs flamboyantes réunions, d'une part, et, de l'autre, la foule bigarrée et mouvementée des baigneurs, les émotions de la route et l'imprévu des équipages, et surtout ce flot de promeneurs reconnaissants envers notre rarissime fontaine de

Jouvence, et qui tiennent à se montrer ingambes et gais comme des pinsons ! Quant aux chevaux mêlés si gentiment à la fête, parions que chacun d'eux reçoit un picotin d'honneur.

Quelle publicité, je vous le demande, vaudrait jamais cette propagande en action ! Si la foi, en effet, soulève des montagnes, nos Eaux redressent les bancroches et rendent le sourire et le charme mélodique aux contrefaits de la veille ; cela frise le miracle, et il n'y a plus ensuite qu'à tirer l'échelle. Oui, la fameuse terrasse du Couvent des Capucins nous enorgueillit à bon droit, et sa joyeuse animation nous venge de toutes les critiques, voire de tous les dédains passés ou futurs.

Une fois de plus, *Borvo*, le dieu guérisseur, prouve sur place sa bienfaisante puissance et rajeunit, en les délivrant de leurs maux corporels, ces pèlerins si divers que la gratitude rassemble dans un chœur grandiose et qui s'applique à élargir encore le cercle de son impérissable gloire !

Et il nous plaît de constater qu'à l'instant où décline l'astre d'or compassé du Louvre et de Versailles, une muse inattendue, un témoin oculaire se lève, qui, spontanément, célèbre avec un bel enthousiasme pimenté d'humour, la vertu de nos Thermes, et fixe à son insu, dans un badinage d'une heure que semblait guetter l'oubli, un des plus mémorables aspects de notre cher Bourbon...

Décidément, les poèmes, eux aussi, ont leur bonne ou mauvaise étoile et n'échappent pas à leur destinée : *habent sua fata libelli.*

*
* *

A dater de ce moment, et comme au souffle avant-coureur de quelque lointain cataclysme, le flot de notre élégante clientèle se ralentit et baisse un peu.

Le dix-huitième siècle, il faut bien le reconnaître, débute mal pour nous : le secrétaire d'Etat, Châteauneuf, qui s'intéressait beaucoup au pays et qui, de l'aveu de St-Simon, avait fait de notre cité « un des plus beaux lieux de France », s'en va mourir presque subitement dans ses terres, après être venu en quelque sorte faire ses adieux aux sources et aux ombrages de St-Léger (1700).

Le premier médecin de Louis XIV, Fagon, paraît vouloir nous consoler. Il nous envoie, l'année suivante, le roi Jacques, atteint de paralysie. La reine d'Angleterre accompagne le souverain détrôné, que quelques mois à peine séparent du tombeau. En vain, le couple princier a-t-il demandé pour ce voyage le minimum d'égards et de cérémonies : sur l'ordre formel de Sa Majesté, qui « fournit magnifiquement à tout » et qui entend qu'un allié malheureux ne passe nulle part inaperçu, on lui rend au cours de ce déplacement les honneurs royaux. Et cette intention du monarque, si elle assujettit à une contrainte la modestie de l'infortune, si elle porte en outre le cachet de la vanité du maître, n'exclut cependant chez lui ni délicatesse ni grandeur.

Un autre glas résonne bientôt à nos oreilles : celui du marquis de Chamlay, homme de guerre doublé d'un administrateur de talent, aimable vieillard qui avait foi dans l'atmosphère de nos fontaines (1719).

Mais, malgré la série noire, la vie continue, et, du sein de ses eaux fumantes, avec un bon sourire de philosophe indulgent à toutes nos faiblesses, *Borvo* caresse sa fine et longue barbe verte, où le diamant abonde : non content de rapprocher les âmes solitaires et de favoriser les unions que la loi sanctionne, il prédispose aux intimes confidences les belles pécheresses qui se recueillent au murmure de son ombreux et discret empire... Et c'est ainsi qu'en 1723, au lendemain de force rencontres où ils ont pu s'étudier et s'apprécier librement, en « beuvant à perte d'haleine », le comte de Toulouse et la marquise de Gondrin ne nous quittent que pour échanger l'anneau nuptial au soleil du Languedoc.

C'est ainsi encore que, afin de tromper l'attente et de lui confier certaines craintes aussi vives que subites, une autre marquise, Mme de Villeroi, belle-fille du maréchal, adresse de Bourbon à son volage amant, le duc de Richelieu, un joli poulet très... Louis quinzième, — et dont nous reproduirons seulement quelques lignes :

« Je comptais partir demain et j'avais même envoyé mes chevaux; mais quelque chose m'a fait craindre que je fusse grosse... En cas que je le sois, je veux avoir grand soin de mon enfant; je crois que vous vous doutez de ce qui me le rendra cher : j'ai quelque soupçon qu'il date du dernier souper que nous fîmes à Neuilly... »

Vous nous en direz tant, marquise !... Puissent du moins toutes les soupeuses du royaume qui partagent votre perplexité, sentir s'éveiller en elles la même sollicitude ! Et que le souvenir des vins capiteux, des gentilshommes enrubannés et des bosquets triomphants leur soit léger... jusqu'à la prochaine *folie !*

Oh ! les surprises des parties champêtres et des cabarets à la mode ! Oh ! les méfaits des sophas de la Régence !

*
* *

La fin du règne suivant et le commencement de l'ère révolutionnaire, avec leurs changements de décors successifs et leur souverain fracas, eurent des répercussions mondiales et affectèrent plus ou moins tout le territoire.

Bourbon-Lancy frissonna donc au vent de l'immense tempête, qui lui apportait de loin en loin l'écho affaibli du canon ; mais il ne se troubla point outre mesure, ainsi qu'il sied à un vieux brave sorti victorieux de maintes affaires, et il s'employa bien plutôt à rassurer les étrangers qui lui demeuraient fidèles.

Mont-Gilbert, un de ses enfants, venait alors d'être envoyé par le département à la Convention Nationale, où il avait voté l'exil du roi, puis sa mort, mais *avec sursis*. L'élu de Saône-et-Loire, à la fois écrivain social et juriste éminent, emporta dans son âme la vision large et sereine des horizons de son enfance, et il obtint que sa ville natale s'appelât désormais *Bellevue-les-Bains*. Intention louable, certes, quoique selon nous assez puérile, — nouveauté qui répondait sans doute à un besoin de l'époque, amie du panache et du falbala. En effet, à peine l'ultime couple d'élégants du Directoire avait-il abandonné la frêle escarpolette suspendue aux arbres de St-Léger, à peine la dernière *Merveilleuse* et le dernier *Incroyable,* tout en avalant soigneusement les *r* de chaque phrase (*paol' d'honneu', c'est incoyable !*) s'étaient-ils évanouis à l'apparition du Consulat, que l'antique divinité gauloise reprenait avec ses droits imprescriptibles, ce nom mâle et doux que tant de générations se sont pieusement transmis, et que la logique et l'Histoire s'accordent à lui confirmer sans retour.

*
* *

Nous voilà parvenu au terme précis que nous nous sommes assigné.

Avant de jeter un coup d'œil sommaire sur le présent, nous devons au lecteur une brève explication : c'est à dessein que, dans la liste des personnages dénombrés par nos Archives, nous oublions un Jean-sans-Peur, un Charles-le-Téméraire et un François Ier, pour ne citer que les noms les plus fameux. Car ces figures-là ne font que passer chez nous comme des météores, et il nous a semblé surtout intéressant de grouper — à partir de la décisive et sensationnelle visite de Catherine de Médicis — les hôtes qui *séjournent* et qui nous témoignent effectivement leur sympathie. D'aucuns, du reste, et non des moindres, se sont acquis à distance des titres à une durable considération, par leur puissante et heureuse intervention dans nos affaires : toutes ces bonnes volontés agissantes priment à nos yeux les théâtrales chevauchées de princes aux cortèges décoratifs, entrevues dans l'apparat d'un soir de fête, et qui ne parlent à notre imagination qu'à la faveur d'une rencontre fortuite.

Le public voudra bien enfin nous pardonner de ne pas mieux satisfaire sa curiosité et de n'avoir pu combler les profondes lacunes de nos annales. Peut-être un esprit sagace et fureteur puiserait-il quelque autre lumière soit dans l'ensemble même des documents qui nous ont livré toute leur moelle, mais où il y a sans doute encore à glaner, soit dans certains ouvrages qui échappent, par leur nature ou leurs tendances propres, au cadre déterminé où nous évoluons ici.

Il serait vain pour quiconque, d'ailleurs, de prétendre peindre sans retouches le plus humble coin du domaine ancestral, et la *résurrection* historique dont rêve Michelet doit s'entendre au sens le plus large et le plus vivant du mot : elle vaut surtout par la flamme intérieure qui l'engendre et l'éclaire, et par le mouvement qui l'anime.

Il n'en saurait être autrement. L'énigme du passé nous arrête à chaque pas, sur chaque point, et nous ne pouvons nous flatter de la résoudre du jour au lendemain et dans son intégralité : c'est l'effort collectif qui reconstitue à la longue la vaste mosaïque aux mille fragments épars, et chaque travailleur cérébral, chaque pionnier de la science, pareil au coureur antique, est tenu de donner toute son âme à la tâche entreprise avant de remettre à qui le remplace et prolonge son geste, l'inextinguible flambeau !

Cela dit, nous aurions mauvaise grâce à omettre les particularités suivantes, vu l'incontestable intérêt qu'elles offrent et les commentaires qu'elles sont susceptibles de suggérer.

Du Moyen Age à la période révolutionnaire, l'ancienne baronnie qui nous occupe a passé naturellement par bien des mains et bien des vicissitudes ; on la voit appartenir tour à tour à la maison de Semur, qui lui accorde des franchises en 1224, à celle de Châteauvillain, puis aux Mello, aux La Trémouille, qui ne s'entendent pas toujours avec la communauté de St-Nazaire, et enfin à Guillaume de Vergy. Ce dernier la vend, moyennant douze mille écus d'or, à Pierre, duc de Bourbonnais, et à sa femme, Anne de France (1488).

En 1527, d'abord, en 1602, ensuite, même coup de théâtre : la première fois, on la confisque sur le connétable de Bourbon, la deuxième, sur le maréchal de Biron, pour la réunir dans l'un et l'autre cas à la Couronne.

Mais elle n'est pas, tant s'en faut, hélas ! au bout de ses tribulations.

Louis XV, à court d'argent, l'engage en effet à un noble de très fraîche date, Ducrest, qui vient de se rendre acquéreur, à ses portes, du marquisat de St-Aubin (1757). La fille du nouveau maître, une autunoise, s'intitule un jour comtesse de Lancy ; elle est appelée, du reste, à devenir Mme de Genlis, puis institutrice des enfants de Philippe-Egalité, et à laisser sous son nom de femme quelques bons ouvrages pédagogiques. Néanmoins, Ducrest père ne fait pas longtemps brillante figure sur la Loire, car il a d'énormes appétits, des besoins fort au-dessus de ses ressources. En conséquence, il se met à démolir le château de Bourbon et à le débiter pièce à pièce... mais cette opération ne rétablit point ses affaires : il finit donc par céder son marquisat et sa baronnie à Lenormand d'Etiolles, fils du fermier général trop connu et mari de la Pompadour, lequel ne tarde guère à s'en dessaisir au profit d'un intendant de Provence, M. Des Gallois de la Tour.

Le nouveau propriétaire applique la méthode consacrée par l'usage ; il accélère la disparition du fameux castel et vend ses débris à une riche veuve, Mme de Marcy, qui s'empresse..... de continuer, de transformer cet amas de ruines en une vaste carrière, d'où elle extrait pour sa commodité personnelle les plus beaux matériaux du monde. C'est par ce moyen que, vers 1770, elle se bâtit au *Port du Fourneau* un confortable ermitage où la Terreur viendra un soir lui arracher son propre frère — un religieux qu'attend à Moulins le couperet de la guillotine — et d'où elle sera bientôt expulsée elle-même par la volonté légale du peuple.

Quant aux derniers restes du château féodal, la République

en ordonne l'adjudication le 7 nivôse an VIII, et ils alimentent les constructions du pays jusqu'en 1830, date de la dispersion totale de leur poussière : *etiam periere ruinæ !*..... Le règne de Louis-Philippe commence, mais nos glorieux remparts sont tombés depuis un demi-siècle déjà, et leur souvenir ne hante plus guère alors que les veillées de nos compatriotes à leur déclin.

Nous avons mentionné ci-dessus le *Port du Fourneau :* malgré les trois kilomètres qui le séparent de la ville, on le considère comme un de ses faubourgs. C'est qu'il est situé aux confins de la Bourgogne et du Bourbonnais, de Saône-et-Loire et de l'Allier, et qu'un *magnifique pont suspendu qui enjambe* la Loire le relie au département voisin, tandis que la grand'route de Moulins à Autun, en le traversant, ajoute encore à son importance naturelle. (Les Romains, nous le répétons, surent développer dans cette direction la cité de *Borvo,* dont l'actuel village de *St-Denis* paraît avoir fixé les limites.)

Le croira-t-on sans étonnement ? les parchemins d'un brave capitaine qui tomba en 1525, à Pavie, s'exhument avec les origines de la fondation du *Fourneau,* s'il est vrai que le 7 août 1452, Louis de La Trémouille concédait là à un petit groupe de pauvres cultivateurs, avec l'exploitation du port lui-même, celle de quelques terrains en friche au bord du fleuve et le droit de passage sur l'autre rive. — De nos jours, une station de chemin de fer, toute voisine de la gare qui dessert directement Bourbon, y a été établie ; il en résulte une situation privilégiée pour cette commune, que notre gentilhomme de la Renaissance, perdu dans sa propre baronnie, aurait moulte peine à cette heure à identifier avec le hameau primitif.....

Si vous le voulez bien, accordons la même attention émue à nos autres vieux faubourgs, dans la basse ville : à *St-Martin,* qui, d'après un chroniqueur de l'an de grâce 1603, Jean Banc, a bien pu être « la partie anciennement habitée des plus grands personnages de cette colonie » et où l'abbaye de *Sept-Fonts* possédait un pressoir, spacieux et robuste bâtiment encore debout et qu'utilisent actuellement (singulière coïncidence !) des négociants en vins ; à *St-Nazaire,* dont le massif et vigoureux édifice, unique survivant de nos monuments sacrés, dernier dépositaire en ces lieux de la foi médiévale, abrite aujourd'hui dans son chœur désaffecté une collection archéologique aux éléments les plus variés et les plus rares ; dans la ville haute et moyenageuse : à *S*^t*-Jean,* si attrayant pour l'érudit et l'artiste, avec la longue ruelle qui court encore non loin de là, au bas de l'enceinte des aïeux, la porte de l'*Eperon,* le tout proche beffroi de l'*Horloge,* vénérable et curieux au possible, et les tenaces vestiges de sa fine maison de bois sculpté de l'époque François Ier.

Et laissons respectueusement dormir dans l'ombre du même quartier, l'âme des logis effondrés ou des établissements détruits; — tel, l'ancien hôpital St-Jean — oui, laissons la foule enchantée des souvenirs chuchoter autour du clocheton hexagonal qui sonna tant de fois le couvre-feu et le tocsin, frissonner aux fenêtres des souriantes tourelles, comme au seuil encore intact d'une collégiale, au portail toujours distinct d'un bourgeois ou d'un gentilhomme dont la poussière s'est depuis longtemps évanouie, et se répandre enfin à l'angélus, en ondes harmonieuses et graves ainsi que les soupirs de l'orgue, sous le toit méconnaissable des Capucins, surpris et emportés par le torrent de 89 !

Mais profitons de cette incursion dans le passé pour entrer à l'Hôtel de Ville, lui-même plus que séculaire : des toiles estimables, de style ancien ou moderne, y sont exposées dans la salle d'honneur, et nous y saluerons de concert au-dessus d'elles les armoiries de Bourbon : *d'azur au lion d'or accompagné de huit coquilles posées en orle.*

N'oublions pas davantage au sortir de la Mairie, et après avoir admiré sa belle place ombragée, que les jours de marché rendent si expressive et si vivante, n'oublions pas la nouvelle église paroissiale, d'inspiration gothique, avec son double et majestueux clocher, ses remarquables vitraux, et son tableau de Puvis de Chavannes : *Jésus apparaissant à Saint Paul,* œuvre de jeunesse du maître. Cet important édifice a fait disparaître les derniers vestiges du *Couvent des Ursulines,* d'ailleurs désaffecté de longue date, mais il a respecté l'une de ses dépendances, cette bonne vieille promenade des *Enclos,* qui fut l'un des paradis de notre joyeuse enfance et que nous évoquons, non sans attendrissement, dans notre filial *Hommage au Berceau.*

Et maintenant, osons féliciter comme il convient le bénévole *antiquaire,* ou plutôt le confiant idéaliste qui nous a pris pour guide : il a de la sorte supérieurement rempli ses loisirs, et, tout en familiarisant ses regards avec de trop discrètes merveilles, il a ouvert à sa pensée en fête de somptueuses avenues sur ce temple de marbre blanc qu'un génie anonyme et des générations récueillies élèvent, avec une sage lenteur, à la gloire de la terre nourricière et à l'indéfectible beauté !

*
* *

Voilà pour le trésor artistique intérieur.

L'autochtone considère-t-il à présent la place que sa ville occupe, au temps jadis, dans le domaine judiciaire, politique et commercial ? il se découvre alors de nouveaux sujets de méditation et de fierté : en effet, Bourbon est le siège du septième bailliage, un des principaux de Bourgogne, et d'une subdélégation aux États de la province ; après quoi, il devient en 1790 celui d'un district, dont le tribunal va justement s'installer dans ce couvent libre des *Capucins*, où tant d'aristocratiques baigneuses ont tenu à entendre messe et vêpres !

Cela ne le dispense point, d'ordinaire, de relever pour le spirituel du diocèse d'Autun et de ressortir au Parlement de Dijon. Il peut aussi se targuer de la possession de deux immeubles aux avantages inappréciables, quoique bien différents : un hôtel de ville et un grenier à sel. Est-ce là tout ? non, certes, car de nombreuses corporations affirment l'ampleur et la vitalité de son négoce, le réglementent avec un louable souci de l'intérêt général, et parviennent même à nous léguer, comme une copie réduite de leurs fêtes, cette périodique et originale procession de St-Éloi, qui, à l'heure actuelle, groupe encore une aimable et importante Confrérie où se fondent à ravir six ou sept associations d'artisans d'élite. Et dites-moi, cette curieuse louée de domestiques que chaque St-Jean nous ramène, accompagnée de divertissements populaires, ne perpétue-t-elle point, elle aussi, une pittoresque tradition d'antan ?

Bref, Bourbon paye de mine et paraît ce qu'il est : un personnage.

Et l'histoire de ses inoubliables Thermes, que nous allons poursuivre sans plus d'interruption, achèvera vraisemblablement de justifier cette qualité. — Que se passe-t-il pour eux, à dater du premier Empire ?

Napoléon, en veine de sagesse ou de générosité, modifie d'un trait de plume leur médiocre condition et les donne un beau jour à l'Hospice (1804-05). — Ils étaient naguère propriété nationale, après avoir appartenu sous l'ancien régime aux États de Bourgogne.

Le vieil Établissement, qui dut ses restaurations et embellissements les plus durables au goût éclairé de Henri III, de Henri IV et de Louis XIV, subit alors divers remaniements — et aussi, hélas ! de sacrilèges spoliations, celles-ci commises presque toutes au profit des musées du Louvre, d'Autun et de Mâcon. — Par bonheur, depuis, on l'a retouché, agrandi, approprié aux besoins et aux aspirations modernes, pourvu de tout le luxe et de tout le confort désirables, et rendu finalement sous cette forme brillante et choisie au culte réfléchi de ses fidèles.

Qu'on nous laisse ici ouvrir une parenthèse.

Nous ne saurions sans la plus noire ingratitude, en effet, passer sous silence le nom d'une famille d'origine chartraine, les d'Aligre, qui ont fourni sous Louis XIII un probe et scrupuleux chancelier, disgracié par Richelieu ; sous Louis XVI, un autre magistrat, premier président du Parlement de Paris, et enfin le marquis Étienne-Jean-François d'Aligre, qui joua un certain rôle à l'avènement de Louis XVIII, et auquel le chef-lieu d'Eure-et-Loir est redevable d'une fondation philanthropique (1770-1847).

Cet homme de bien a conquis parmi nous droit de cité, car les trois millions et demi qu'il a légués à notre ville lui ont permis d'élever à côté de l'ancien hôpital, un nouvel hospice d'aspect grandiose et qui ne contient pas moins de quatre cents lits pour les malades de la localité. — En accolant sur une fontaine de St Léger les deux statues de bronze du marquis et de la marquise d'Aligre, Bourbon-Lancy au lendemain d'un tel geste, a voulu rendre un hommage public à la magnifique sollicitude d'un couple heureux, que préoccupa le frisson de l'indigence et de la douleur, et qui mérite de s'éterniser dans la mémoire du pays.

La chapelle communale de l'Hospice renferme, du reste, les cendres du grand donateur et demeure pleine de son image et du souvenir des siens, que plus d'un joyau d'art rehausse et grave à jamais dans l'esprit du passant : une admirable verrière, où se peignent ses armes, y luit sur la pierre tombale comme un céleste espoir ; une chaire sculptée de la fin du XVIIe siècle, où aurait parlé Bossuet, y atteste, croit-on, une libéralité de Louis XIV à un membre de cette famille, tandis qu'une statue de la marquise — statue en argent et de dimensions naturelles — se dresse au pied d'une seconde tribune, aussi précieuse que soigneusement entretenue.

La grille du monumental asile une fois franchie, on a devant soi les riantes verdures du parc, vallonné à souhait, superbes cimes qui font au bout de l'exquise promenade un éventail de luxe et un voile d'enjôlement à l'ancien *Couvent des Visitandines*, converti d'abord en hôpital, et auquel s'est substitué en dernier lieu le *Grand-Hôtel*, qui, tout en portant le cachet du plus pur modernisme, restitue à l'archéologue par les cloîtres de sa cour intérieure, comme une pieuse attitude du vieux Bourbon ; puis l'on découvre bientôt l'Etablissement Thermal lui-même, avec son triple étage, ses immenses galeries aux arcades trapues et ses bassins vaporeux, mais sans le géant de pierre féodal et le svelte clocher paroissial de 1680, qu'il faut redemander à la seule estampe d'Israël Silvestre !

*
* *

Qu'objecter à cela ? Ces disparitions plus ou moins lentes, plus ou moins absolues, sont dans l'ordre des choses, et il serait superflu de gémir sur elles ; la stérilité du regret en démontre assez la faiblesse : il ne faut point trop regarder en arrière. En effet, tâtonnements et métamorphoses ; perspectives nouvelles et recommencements sans fin : voilà l'Histoire ! voilà l'inéluctable loi du monde, dont notre temps scientique et fébrile saisit, subit sans doute plus qu'aucun autre le ton impératif.

Bourbon le comprend et marche...

L'éclat de ses annales, sans le griser, sans même, peut-être, lui inspirer toujours un suffisant orgueil, lui défend, d'ailleurs, de s'endormir sur ses antiques lauriers et de glisser mollement sur la pente commode, mais dangereuse, qui mène à l'effacement, puis à l'oubli.

Il travaille donc ; il se développe et se pare pour garder son prestige vingt fois séculaire et accroître à travers l'espace ce bon renom de séduisante et cordiale hospitalité auquel il tient tant, et avec tant de raison. Il caresse tous les espoirs qu'autorise un labeur actif, et, confiant dans son étoile, il s'applique à mériter un avenir plus enviable encore que le présent. Là-dessus, nul désaccord, nulle hésitation possible : ses *Mémoires* mutilés lui rappelleraient au besoin avec force tout le prix du zèle et de la persévérance dans la bataille quotidienne...

Mais pourquoi se découragerait-il ? vouloir, c'est pouvoir.

Or, avec ses quatre mille cinq cents âmes et ses dix communes, il constitue encore le plus vaste canton de l'arrondissement et aussi un centre industriel et agricole d'une haute importance.

L'animation de ses marchés hebdomadaires ne le cède en rien — toutes proportions gardées — à celle de son champ de foire, toujours si fréquenté, et dont le chiffre d'affaires est considérable. Car nous sommes là dans le plantureux Charolais, cet Eldorado de l'élevage, et les bœufs d'embouche, les taureaux et les chevaux de race trouvent chez nous non seulement de bons acheteurs, mais de fins et nobles appréciateurs de leurs mérites dans les membres de ce *Comice Agricole* qui, entre parenthèses, remonte à la république de Lamartine, et qui, le 8 septembre de chaque année, après avoir procédé à de rigoureuses et indispensables sélections, enrubanne les plus belles bêtes et prime les plus parfaits reproducteurs présentés au Concours.

Comment, d'autre part, s'inquiéter du lendemain ? Partout, d'infatigables pourvoyeurs ; partout, une sève ardente, et de la vie neuve répandue à flots: la ferme envoie ses produits appétissants et variés ; la forêt, son gibier et ses arbres; les grèves du fleuve, leur plus joli sable; les proches carrières de Gilly, la chaux et la pierre à bâtir, pendant que, grâce à de nombreux cours d'eau, une douzaine de moulins chantent sans trêve leur gai refrain au soleil de la campagne environnante, et que du cœur de la ville, artistement décoré, le touriste émerveillé devine au loin, à l'aspect des fumées qu'elle dégage, une puissante cité ouvrière, cité de cyclopes attelée aux uniques travaux de la Paix, et qui forge inlassablement au cultivateur, sur l'emplacement même des molles et splendides villas du temps d'Auguste, l'outillage compliqué qu'il réclame aujourd'hui pour vaincre la terre et enrichir le pays qu'il honore !

Quelle pessimiste résisterait à l'éloquence d'un tel spectacle ? Et qui donc nous reprocherait de fermer ce modeste livre sur une semblable vision ? Mais pourtant, au risque d'abuser de la patience du lecteur, ajoutons quelques mots encore : ils ne sont peut-être pas inutiles à la fin d'une étude consacrée à une illustre petite ville, trop souvent négligée par les divers régimes qu'a connus la France, et dont les Eaux Thermales demeurent, malgré tout, le principal titre de gloire, comme le plus sûr élément de prospérité.

La saison, qui s'étend du 15 mai au 1er octobre, y ménage aux baigneurs les plus agréables surprises, en premier lieu, celle de la température, uniformément douce le matin et le soir, quoique très élevée au milieu du jour ; en second lieu, celle des excursions — pittoresques autant qu'instructives — que commandent en quelque sorte les admirables sites des environs : la forêt de *Germigny,* dont les si vieux chênes, avec leur gui somptueux, paraissent toujours attendre la serpe d'or druidique ; la montagne de *Mont,* dont le sommet boisé, à cinq cents mètres d'altitude, offre un incomparable point de vue et qui nous alimente de ses eaux cristallines ; les ruines du *Château de Faulin,* d'où émerge encore d'un amas de pierres poudreuses, un romanesque donjon, qui s'opiniâtre à se mirer dans le mélancolique étang qu'il surplombe ; la colline de *Chizeuil,* qui porte les traces de lointaines et violentes convulsions volcaniques et dont les flancs recèlent en abondance du pyrite de fer, qu'on se décide enfin à exploiter, — et cent autres paysages ou curiosités bien capables de séduire ou d'inspirer les fervents de la nature, de la science et de l'art (1).

Et nous ne parlons pas des plaisirs délicats de la table, que ne cessent d'assurer, entre autres pièces de choix, le fameux poisson de la Loire et le fin gibier du canton, nourri d'herbes aromatiques ; car nous tenons à échapper au qualificatif d'épicurien et à laisser le pur sang de nos coteaux vignobles se concilier lui-même l'estime des aimables gourmets du dehors. Nous oublions sciemment ces habiles et dévoués musiciens, qui, rassemblés place d'Aligre ou sous les hautes frondaisons du parc, bercent à l'envi les entretiens légers de leur élégant auditoire, comme aussi ce jeune et déjà brillant hippodrome de *Sornat*, sur lequel les amateurs de réunions sportives sont en droit de fonder les plus larges espérances.

N'y a-t-il pas là, dites-nous, de quoi rallier tous les suffrages et satisfaire les plus difficiles ? Comment l'étranger n'aurait-il point dès lors confiance en nos sept ou huit sources, dont certaines empruntent leur nom aux plus jolies fleurs *(Marguerite, Rose),* et figurent ainsi une printanière guirlande pour notre vieil écu d'azur et d'or, tandis que d'autres *(Le Lymbe, La Reine)* non contentes d'agir sur place, acceptent l'étroite servitude du flacon de verre et vont soulager et guérir au-delà des océans,

(1) Mentionnons, parmi beaucoup d'autres, ces augustes témoins de l'ère celtique poétiquement appelés « pierres aux fées », qui existent çà et là autour de Bourbon, notamment aux confins de la commune de Chalmoux, et devant lesquels nous avons maintes fois rêvé au clair de lune, dans notre jeunesse, en composant nos premiers vers ou au retour de la chasse. — On relève aussi dans ces parages les vestiges d'un camp romain.

sous cette enveloppe devenue familière, notre pauvre humanité souffrante ! Oui, vraiment, saluons-les très bas, ces bienfaisantes sources chaudes, car elles jaillissent, inépuisables et vierges, du sein mystérieux et brûlant de la terre, et leur débit régulier de quatre cent mille litres par jour, leur vertu curative, qui s'apparente à celle des Eaux de Wiesbaden, parlent magistralement pour elles ! Interrogez plutôt le convalescent précautionneux, l'intellectuel surmené qui s'attardent au pied de notre colossal rocher de granit rouge, toujours tout fumant de sa perpétuelle fécondité : ils se porteront garants de l'efficacité du remède et vous affirmeront que, sans compromettre en rien le succès de leur cure, ils ont pu à leur gré feuilleter nos fastes et méditer sur les débris de ce fabuleux *Bain de César,* où cinq cents personnes s'ébattaient à l'aise !

Saluons — et dégageons la leçon voulue : la fée Nature, en nous donnant à Bourbon la mesure de son pouvoir et de sa magnificence, nous rappelle du même coup combien ses chefs-d'œuvre l'emportent sur les nôtres en mérite et en durée ; elle prouve une fois de plus qu'elle ne perd rien de sa fascination et de sa sérénité à entendre sonner les heures au cadran infaillible des âges !

Et maintenant, adressons tous nos meilleurs remercîments et tous nos vœux les plus émus à notre charmante clientèle, afin qu'elle guérisse, qu'elle se délasse ou qu'elle se récrée chez nous à sa convenance, afin qu'elle nous revienne, grossie chaque été du flot précieux des visiteurs que son enthousiaste propagande nous aura recrutés un peu partout... Et que cet opuscule, s'il lui tombe par hasard sous les yeux, lui rende plus agréables encore le séjour et le souvenir d'une station fertile en miracles !

Pour mes chers concitoyens, puissent-ils accueillir favorablement cette production de mince apparence, mais qui m'a cependant coûté plus d'une veille, et où j'ai tâché de faire revivre la cité de nos pères, de la suivre dans ses transformations ou développements essentiels, de la peindre telle qu'elle fut, telle qu'elle est, avec sa colline enchanteresse, les séductions de son parc et de ses pelouses, de ses percées nouvelles et de ses jeunes monuments, l'austère éloquence de ses marbres tronqués et de ses épigraphes moussues (1), l'attrait de ses grandes voies conver-

(1) On consultera non sans fruit, à ce sujet, la savante brochure du docteur Paul Compin : *Essais sur les origines et l'antiquité des Thermes de Bourbon-Lancy*. Jules Rousset, 1, rue Casimir-Delavigne et 12, rue Monsieur-le-Prince, Paris, 1913.

gentes : Moulins, Autun, Charolles, — l'irrésistible aimant de ses faubourgs, et surtout ce trop modeste quartier de St-Léger, berceau de sa renommée, gorge profonde dont la suave impression vous pénètre et vous enchaîne, et où plus de deux mille ans se reflètent au fond des bassins merveilleux, toujours bouillonnants de vie, toujours enveloppés des tièdes et fortifiantes caresses du soleil et de l'air, toujours détenteurs de l'énergie salvatrice, du souverain élixir, et au bord desquels glisse lentement l'ombre tutélaire des bons génies gallo-romains : *Borvo* et *Damona !*

Est-ce que je m'abuse, en vérité, en escomptant de loin avec délice le pâle et tendre recueillement de mes compatriotes devant ce nouveau portrait de Bourbon, si imparfait soit-il ?

Je ne le crois pas, je l'avoue, dussé-je encourir ici le reproche de présomption. Car je les connais, Dieu merci ! comme mon propre modèle, et s'il me fallait une récompense au bout d'un pareil sillon, je la trouverais à la fois dans l'intime satisfaction du devoir pieusement accompli et dans le frémissement prolongé de leur bonne surprise, qui traduit si bien, avec leur touchante harmonie, le culte du passé, la confiance en l'avenir, l'attachement au berceau et à la tombe des compagnons de lutte d'hier, et enfin cet amour sacré du sol natal, du foyer au doux visage que le guerrier mourant de Virgile revoit dans un dernier adieu, et où le plus humble d'entre nous, la paupière humide, sait percevoir le premier battement de cœur de la Patrie !

Ecrit au « Vaugelé. » Savonnières, près Tours.

Octobre-Novembre 1921.

M. le docteur Pain, maire de Bourbon-Lancy, M. Larue, directeur de l'Etablissement Thermal, et le Syndicat d'Initiative et des Amis des Arts *de la Ville ont bien voulu seconder notre effort par des communications pleines d'intérêt : qu'ils reçoivent ici l'assurance de notre respectueuse et meilleure gratitude.*

E. B.

ERRATA

PAGES	LIGNES	AU LIEU DE	LIRE
6	55	je ne m'estimerai	je m'estimerai
7	65	de bonheur	du bonheur
12	9	on les voit	on les vit
16	25	ou nom	ou non
19	12	un seul espoir	un fervent espoir
22	12	solliciteur	voyageur
23	30	établissement	rétablissement
24	36	accompagnent	accompagne
25	9	mats	mais
27	19	de parvient	ne parvient
38	28	moulte	moult
43	31	quelle pessimiste	quel pessimiste

www.ingramcontent.com/pod-product-compliance
Ingram Content Group UK Ltd.
Pitfield, Milton Keynes, MK11 3LW, UK
UKHW021028180726
13838UKWH00004B/1667